まいにち
小鍋

毎日おいしい10分レシピ

小田真規子

ダイヤモンド社

は じ め に

　本書を手にとってくださり、ありがとうございます。

「そういえば、最近、毎日"小鍋"だなぁ…」
　冬の寒さが続くある日、そう気づいたのがこの本の生まれるきっか
けでした。
　レシピの考案や試作、撮影などで多忙な毎日。帰宅時間も遅く、正
直疲れています。だから、手っ取り早く用意ができて、後片付けもサッ
と済ませられる料理にしたい。それに、身体も冷えているから、出
来立ての温かい料理がいい。お酒のおつまみにもなれば最高だな…。
　そんな思いから、自然と小さな鍋を使う簡単な晩ご飯が増えていっ
たのです。

　小鍋なら、前の晩や朝に具材を用意し、スープのベースを合わせて
冷蔵庫に入れておけば、いつ帰っても、火にかけるだけですぐに温か
い料理が食べられます。調味料もシンプルなので、煮えるのを待ちな
がら、スープやたれを合わせるだけでも十分おいしい。そして、小鍋
で身も心も温まると、ほっと落ち着きます。週末に皆で大鍋を囲むの
も楽しいのですが、平日は自分だけの小鍋がとっても重宝するのです。

　そう気づいて周囲に聞いてみると、意外に多くの人たちが、「小鍋生活」をしていることを知りました。共働きのご家庭、ひとり暮らしの方々、毎晩「家飲み」が楽しみな若い女性や、お父さんも…。レトルト食品に飽きたから、野菜不足が気になるからと、鍋に目覚める人も増えているようです。

　最近、食器店や雑貨店でも、大鍋より小鍋が目立つように置かれていますし、ひとり用の合わせ調味料の種類もずいぶん増えました。それだけ多くの人たちが、「小鍋」を求めているのです。

　そんななか、「いつも同じ味のワンパターンな鍋から脱したい」「鍋だとつい白菜ばかり買っちゃって…」「毎日鍋でも飽きない手軽なレシピ本がほしい」といった声を多く耳にするようになりました。

　そこで、「小鍋生活を楽しむ料理家」として、きちんとした小鍋レシピをご提供しなければ…と思い立ちました。簡単でとってもおいしく、しかもヘルシーな 50 のレシピをご紹介した本書で、皆さんにホッコリ幸せな「小鍋生活」を送っていただけたら幸いです。

　　　　　　　　　　　　　　　　　　　　　　　小 田 真 規 子

いいことばっかり！小鍋生活

❶ ホッコリ幸せな気分になれる！

寒い季節は、家に帰って暖房をつけてもすぐには温まりません。でも、小鍋をコトコトさせたら、熱と湯気で部屋にも"体温"が感じられます。あったかい鍋が食卓にあるだけで、不思議とホンワカして心も和みます。料理が温かいだけでも十分に"ごちそう"なのです。しかも、火にかけている限り鍋は冷めません。ずっと、そばで私たちを温めてくれる"心に優しい料理"なのです。

❷ 身体に優しいヘルシー料理！

肉、魚、野菜などの栄養をバランスよくとれるのも小鍋料理のいいところ。スープには肉の脂肪分が溶け出しますが、飲み干さなければ過剰なエネルギー摂取にはなりません。また、野菜を煮込むことで生よりもたくさん食べられますから、食物繊維も摂取しやすいというメリットもあります。野菜やたんぱく質もしっかりとれて、身体も温まる小鍋は、実は「おすすめの健康料理」なのです。

❸ とにかく安い！

鶏肉や豚肉、塩鮭や塩だら、ニラや白菜など、どこでも売っている安価な食材で、十分においしい味が出せるのも小鍋の魅力。白菜が高値になったらキャベツやもやしを使うなど、代えがききやすいのもいいですね。小鍋生活で日々の食費をグッと抑えて、ときには、高価な食材で"ゴージャス鍋"を楽しむなど、食生活にメリハリをつけるのもいいでしょう。

❹ 誰でもつくれて、手間いらず！

小鍋料理は、基本的に具材を切ってスープで煮込むだけ。だから、誰にでもできて準備も簡単、料理の"腕"も問われません。しかも、鍋自体が調理器具で食器でもあるので、洗い物も少ない。ここも小鍋のけっこう大事なポイント。忙しい毎日に、こんなにありがたい料理はありません。

洗いものが少ない

❺「家飲みメニュー」にピッタリ

小鍋で「家飲み」が楽しくなります。メニューによって、ビール、日本酒、焼酎、ワインといろいろなお酒が楽しめます。卓上で火にかければずっと温かいので、ゆっくりお酒を楽しみたい方にもピッタリ。小鍋をつまみに、「締め」はご飯やうどんにすれば、お腹も十分満たされます。

❻定番素材は「つくりおき」でもっとラクに！

小鍋には使いやすい定番の素材があります。鶏肉、豚肉、塩鮭、塩だら、白菜、大根、シイタケ……。こうした素材はすぐに使えるように、休みの日に「つくりおき」をしておくと便利。お気に入りのスープやたれも多めにつくってペットボトルなどに保存しておけば、手間いらずでおいしい小鍋がすぐに出来上がります。

❼共働きのご夫婦に、とっても便利!

共働きのご夫婦は帰宅時間もバラバラ。晩ご飯のタイミングを合わせるのも難しいですね。そんな時に重宝するのが小鍋。先に帰宅したら、2人分の具材を切って、2つの小鍋につめ込みましょう。ひとつは自分で食べて、もうひとつは冷蔵庫に入れておけば、後から帰ってきた人は、スープを注いで火にかけるだけで、"帰って10分"でポカポカになれます。子どもの鍋は同じ具材で味を変えることができるのも便利です。

つくりおきで簡単調理

❽毎日食べても、全然飽きない!

小鍋はそのサイズから、入れる素材がどうしても限られます。でも、素材と調味料の組み合わせやバランスで、味わいには無限のバリエーションが生まれます。ただし、市販のだしやスープの素に頼りすぎるのはNG。一般的に味が濃いものが多いため、素材の味わいが消されてすぐに食べ飽きてしまうのです。そこで本書では、素材の味を活かすひと工夫のある、365日食べても全然飽きない小鍋レシピをご紹介しました。

まいにち小鍋●目次

はじめに 2

いいことばっかり！小鍋生活 4

第1章 帰って10分でポッカポカ！定番鍋

あっさりポン酢のしょうが常夜鍋 16
豚バラこってりモツ鍋風 18
豚肉とトマトの重ね蒸し鍋 20
塩鮭の石狩鍋 22
すきしゃぶ 24
豆乳とろろ鍋 26
鶏ひき肉と小松菜のかき玉鍋 28
ゆずこしょう風味の簡単タラチリ 30
豚ザーサイ鍋 32
ツナとニラの簡単湯豆腐 34
温かとろみしゃぶしゃぶ 36

コラム❶小鍋の味のつくり方 38
コラム❷小鍋生活ワンポイント・レッスン 40

第2章 「家飲み」にぴったり！おつまみ鍋

豆腐とひき肉のサンラータン鍋　48
豆腐とじゃこの海苔鍋　50
豆腐となめたけの煮やっこ　52
ごぼうと牛肉の柳川鍋　54
きのこと豆腐のアヒージョ　56
オイルサーディンのレモン鍋　58
豚肉とねぎのさっぱり肉吸い鍋　60
納豆チゲ鍋　62
油揚げときのこのとろろ昆布鍋　64
塩鶏こしょう鍋　66

コラム❸余った素材で、火を使わずおつまみ1品　68

第3章　ひと手間かけて激うま鍋

鶏団子のちゃんこ鍋　80
ごま豆乳の豚しゃぶ　82
豚肉と白菜のレモン鍋　84
合わせ肉でトマトすき焼き　86
ウーロン茶の極上豚しゃぶ　88
フライパンでチョンゴル鍋　90

鶏もも肉のタッカンマリ風鍋 92

スンチュブチゲ鍋 94

エスニック炊き込みご飯 96

ひき肉そぼろの坦坦鍋 98

大根と鶏骨付き肉のサンゲタン 100

コラム❹ 「まいにち小鍋」のお料理教室 102

第4章 疲れたときに効く！薬膳ヘルシー鍋

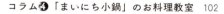

中華風にんにくすき焼き 114

青菜とひき肉のサグカレー鍋 116

たっぷり黒ごま鍋 118

豚肉とパプリカのナッツ＆チーズ鍋 120

オクラとささみのネバネバ鍋 122

ミネストローネ風ビネガー鍋 124

鶏手羽先と春雨のコラーゲン鍋 126

わかめと豆腐の豆乳鍋 128

あさり缶とレタスの梅みそ鍋 130

野菜だけしゃぶしゃぶ 132

コラム❺ 「締め」のお作法 134

第5章　冷蔵庫がカラッポ！即席コンビニ鍋

冷凍から揚げのポン酢煮込み鍋　140

コンビーフのバターしょうゆ鍋　142

香港風火鍋チゲしゃぶ　144

アクアパッツァ風鍋　146

プデチゲ　148

トムヤムクン風鍋　150

カムジャタン鍋　152

ベーコンの肉豆腐　154

コラム❻毎日が楽しくなる小鍋グッズ　156

おわりに　158

[料理スタッフ] 岡本　恵・長谷川舞乃（スタジオナッツ）
[スタイリング] 清野絢子・青木恭子（スタジオナッツ）
[ブックデザイン] 奥定泰之
[写真] 高橋　進（クラッカースタジオ）
[イラスト・漫画] 戸田江美
[校正] 小倉優子
[編集協力] 前田浩弥
[編集] 田中　泰
special thanks　谷　綾子

本書の決まり

● 1 カップ= 200ml、大さじ 1 = 15ml、小さじ 1 = 5ml

●特別な表記のないレシピはすべて 1 人前の分量です。

●【つくり方】で、「順に加える」としているスープ、たれの材料は表記の順番に加えてください。2 列で表記されている場合は、左列の上から下、右列の上から下の順番で加えてください。

●土鍋は 1 人前 6 ～ 7 号、2 人前 7 ～ 8 号。小さなフライパンは直径約 20cm、普通のフライパンは 24 ～ 26cm。スキレットは 15 ～ 18cm 程度のものを使用しています。

●カロリー表示の目安は具材と適量のスープ、さらにたれに含まれるものです（1 人前）。

第1章

帰って10分で
ポッカポカ！
定番鍋

小鍋シアター❶「課長はつらいよ」

簡単に作れる11の定番レシピをご紹介します。使う具材も調味料もどこでも売っているものを使用しています。お気に入りのレシピが見つかったら、それをローテーションのかなめにしましょう。休日に、具材やスープを「つくりおき」しておけば、平日は小鍋に具材をいれて、スープを注いで火にかけるだけ。帰って10分でポッカポカになれます。具材を小鍋にセットして冷蔵庫に入れておけば、後から帰ってきたご家族も大喜びです。

あっさりポン酢のしょうが常夜鍋

どんな具材でも旨い、鍋の定番

【具材】
ロース、肩ロースなど豚薄切り肉…100〜150g
ほうれんそう（根元を落として長さ半分に切る）…1/2把（100g）
エノキ（石づきをとって小房に分ける）…1パック（100g）

【スープ】
水…2カップ
塩…小さじ1/2
ごま油…小さじ1
しょうが（薄切り）…1〜2かけ

【たれ…ポン酢】
しょうゆ…大さじ2
砂糖…大さじ1
酢…大さじ2
水…大さじ3（または煮汁大さじ2）

● つくり方
❶ 鍋に肉、ほうれんそう、エノキの順に入れる。
❷ 混ぜ合わせた【スープ】を注ぐ。
❸ ふたをして中火にかけ、煮立ったらアクをとり、煮えたところから【たれ】でいただく。

ほうれんそうを小松菜や水菜に代えてもおいしい。豚肉はロースや肩ロース以外に、こってり味が好みならバラでもOK。

豚バラこってりモツ鍋風

味噌スープでホッと安心"定番の味"

【具材】
豚バラ薄切り肉(7〜8cmに切る)…100〜150g
もやし…1袋(200g)
ニラ(7〜8cmに切る)…1/2把(50g)

【スープ】
味噌…大さじ3
みりん…大さじ1
赤唐がらし(小口切り)…1〜2本
にんにく(縦半分の薄切り)…1〜2かけ
水…1・1/2カップ

【仕上げ】
白すりごま…大さじ2

●つくり方
❶鍋に肉、もやし、ニラの順に入れる。
❷混ぜ合わせた【スープ】を注ぐ。
❸ふたをして中火にかけ、煮立ったら【仕上げ】をふり、煮えたところからいただく。

味噌の大さじ3のうち、大さじ1をしょうゆやオイスターソースに代えてもおいしい。

豚肉とトマトの重ね蒸し鍋

意外なたれで「アッ」と驚く絶品洋風鍋

【具材】
豚バラ薄切り肉（7〜8cmに切る）…150g
たまねぎ（縦半分に切ってから5mm幅に切る）…小1個（150g）
トマト（ヘタを取り6〜8等分のくし切りにする⇒108ページ）…2個（300g）

【スープ】
水…1/2カップ

【たれ】
粒マスタード…大さじ2
しょうゆ…大さじ2
オリーブ油…小さじ1
万能ねぎ（小口切り）…5本分（25g）

● つくり方
❶ フライパンにたまねぎを平らに並べ、その上に豚肉をなるべく重ならないように並べ、トマトを乗せる。
❷【スープ】を注ぎ、ふたをして中火にかける。
❸ ふつふつしたら中火のまま5分蒸し、【たれ】をかけていただく。

小皿に取り分けたら、トマトをくずしながらたまねぎと豚肉とからめていただく。トマトのかわりに、パプリカやブロッコリーを入れてもおいしい。

塩鮭の石狩鍋

たっぷりのこしょうとバターの香りを楽しむ

【具材】
甘口塩鮭(水洗いして水気を拭く)…2切れ(180g)
キャベツ(2cm幅に切る)…3〜4枚(150〜200g)
たまねぎ(6〜8等分のくし切り⇒108ページ)…1/2個(100g)

【スープ】
味噌…大さじ2
酒…大さじ2
しょうゆ…小さじ1
水…2カップ

【仕上げ】
バター…10〜20g
あら挽き黒こしょう…少々

● つくり方
❶鍋にたまねぎと混ぜ合わせた【スープ】を入れて中火にかける。
❷煮立ったら、鮭とキャベツを入れて、火が通るまで煮る。
❸【仕上げ】をかけていただく。

甘口塩鮭は、冷凍したまま鍋に入れてもOK。辛口の塩鮭を使う場合は、酒か水に10分程度ひたして塩分を落とすとよい。

すきしゃぶ

毎日食べたいあっさりしたすき焼き風しゃぶしゃぶ

【具材】
ロース、肩ロースなど豚しゃぶしゃぶ用肉…150〜200g
ごぼう（約15cm長さに切り、ピーラーで帯状に切る⇒108ページ）
小1本（100g）
シメジ（小房に分ける）…1/2パック（50g）
万能ねぎ（6〜7cmに切る）…10本

【スープ】
昆布（5cm角）…1枚　　　しょうゆ…1/4カップ
砂糖…大さじ2　　　　　酒…1/4カップ
みりん…1/4カップ　　　水…1カップ

【たれ】
温泉卵…適宜

● つくり方
❶ 鍋に【スープ】を入れて強火にかける。2分間煮立てて、アルコール分を飛ばす。
❷ 中火に戻し、ごぼうとシメジを入れ、少し火が通ったら、肉と万能ねぎを加える。
❸ お好みの火通りで、【たれ】でいただく。

切ったごぼうは、5分程度水につけてアクを抜くと、味わいがすっきりとし、煮汁が汚れない。

豆乳とろろ鍋

わさびとからしの刺激でたまらない旨さ

【具材】
絹ごし豆腐（4等分に切る）…1丁（300g）
水菜（6〜7cm長さに切る）…1把（100g）
長いも（すりおろし）…1本（150g）

【スープ】
塩…小さじ1
しょうゆ…小さじ1
豆乳…1カップ
水…1カップ

【たれ】
からし・わさび…適宜
しょうゆ…適宜

● つくり方
❶ 鍋に【スープ】を注いで中火にかけ、煮立ったら豆腐を入れて弱火で3分煮る。
❷ 水菜を入れ、長いもを上からかけ、ひと煮立ちさせる。
❸ 煮えたところから、からしじょうゆかわさびじょうゆを添えていただく。

豆腐をレンゲですくいとり、少しくずし、長いもと水菜をからめながらいただく。

鶏ひき肉と小松菜のかき玉鍋

ひき肉にとろりとした卵がからまる

【具材】

鶏ひき肉（小麦粉大さじ1をざっと混ぜる）…150g

豆腐（8等分くらいにちぎる）…1/2丁（150g）

小松菜（5cm長さに切る）…1/2把（100g）

【スープ】

塩…小さじ1/2　　　　　　みりん…大さじ3

しょうゆ…大さじ1　　　　水…1カップ

【仕上げ】

卵（ざっとほぐす）…1個

粉さんしょう…適宜

● つくり方

❶ 鍋に【スープ】を入れて、中火で2分間煮立て、豆腐、小松菜を入れて1〜2分煮る。

❷ ひき肉をざっと広げ入れ、色が完全に変わるまで火を通す。

❸ 卵を全体に回し入れ、中火で20秒程度、とろりとした半熟状になるまで火を通す。

卵は溶きほぐしすぎない。卵を回し入れたら、火を通しすぎないのがおいしさの決め手。粉さんしょうはお好みで。

ゆずこしょう風味の簡単タラチリ

驚くほどうまいごま油とゆずこしょうの絶品スープ

【具材】
豆腐（半分に切る）…1丁（300g）
切り身の塩だら（3等分に切る）…2切れ（200g）
長ねぎ（斜め薄切り⇒106ページ）…1本（100g）

【スープ】
塩…小さじ1/2
ゆずこしょう…小さじ1
ごま油…大さじ1
昆布（5cm角）…1枚
水…2カップ

● つくり方
❶ 鍋に【スープ】を入れ、中火で煮立てる。
❷ 豆腐を入れ、煮立ったら、弱火にして3分煮る。
❸ 塩だら、長ねぎを加えて火を少し強めて2〜3分、火が通るまで煮る。

ゆずこしょうはお好みで増量してもOK。おすすめは、塩分が控えめで、香りが上品な肥前みふく庵（佐賀県）のゆずこしょう。

豚ザーサイ鍋

オイスターソースとザーサイの旨みの合わせ技

【具材】

豚バラ薄切り肉（7〜8cmに切る）…100〜150g

にんじん（ピーラーで帯状に切る⇒108ページ）…1/2本（80g）

チンゲンサイ（根元から葉を外して乱切りにする）…1株（150g）

【スープ】

塩…小さじ1/2

オイスターソース…小さじ2

ザーサイ（大きければ切る）…30〜50g

ラー油…5滴（お好みで足す）

水…2カップ

● つくり方

❶ 鍋に【スープ】を入れて、中火で煮立てる。

❷ 豚肉、にんじん、チンゲンサイを入れる。

❸ 煮立ったら弱火にしてさらに2分煮る。煮えたところからいただく。

ザーサイは薄切りのびん詰めのものを活用。ごま油がからんでいるので香りとコクづけになる。

ツナとニラの簡単湯豆腐

ピリ辛だれで飽きがこないシンプル鍋

【具材】
ツナ缶（汁気を切る）…小1缶（65g）
豆腐（水気を切って4等分に切る）…1丁（300g）
ニラ（葉先以外を7〜8cmに切る）…1把（85g）
油揚げ（ぬるま湯でもみ洗いして6等分に切る）…1枚

【スープ】
塩…小さじ1/2
水…2カップ

【たれ】
砂糖…大さじ1
塩…小さじ1/2
しょうゆ…大さじ2
酢…大さじ3
ラー油…10滴
ニラの葉先（2mm幅に切る）…大さじ4（15g）

● つくり方
❶ 鍋に豆腐と油揚げを入れ、その上にツナとニラを乗せる。
❷ 混ぜ合わせた【スープ】を注ぐ。
❸ ふたをして中火にかけ、煮えたところから【たれ】でいただく。

ニラの葉先は細かく切って薬味として、残りの部分を具材として使い、ニラの風味を十分に楽しむ。

温かとろみしゃぶしゃぶ

530 kcal

身体がポカポカ温まる、とろ〜り肉しゃぶ

【具材】
もも、ロースなど豚しゃぶしゃぶ用肉…100〜150g
にんじん（皮をむいてからピーラーで帯状に切る⇒108ページ）…小1本（100g）
水菜（8cmに切る）…1/2把（50g）
水溶き片栗粉…片栗粉（大さじ1）+水（大さじ2）

【スープ】
塩…小さじ1/4
しょうが（薄切り）…1かけ
水…3カップ

【たれ】
味噌…大さじ1　　　　　酢…大さじ1
マヨネーズ…大さじ2　　ごま油…小さじ1/2
しょうゆ…大さじ1

● つくり方
❶ 鍋に【スープ】を入れて煮立てる。
❷ 水溶き片栗粉でとろみをつける。
❸ 少しずつ肉と野菜を入れ、お好みの火通りで、【たれ】でいただく。

スープに片栗粉でとろみをつけると、肉に柔らかく火が通り、アクも出にくく、冷めにくいのでおすすめ。

コラム❶
小鍋の味のつくり方

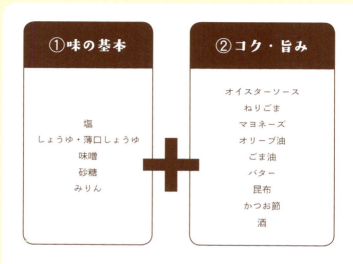

本書では、市販の「だしの素」や「スープの素」を使わずに、図の3つの要素で鍋の味つけを考えている。参考にして、お好みの味に挑戦してみては。組み合わせのバリエーションは無限にありますから、365日たべても全然飽きない「小鍋生活」が実現できます。

①味の基本

基礎調味料の塩・しょうゆなどでシンプルに味つけ。素材の味わいをスープに引き出す最大のポイントは塩分。加熱しても味の変化しない塩をベースに、しょうゆや味噌を加えるのがコツ。砂糖やみりんの甘味は最小限に使うのが正解。

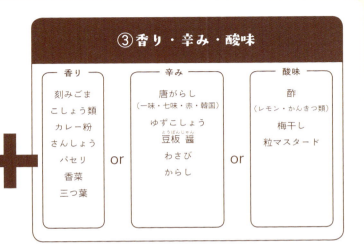

②コク・旨み

煮込んだ素材からの旨み・コクにプラスして、油や調味料を加える。ごま油・バターなどを適度に加えることで、一気にコクがアップするほか、昆布・かつお節・酒で、味に深みが生まれる。

③香り・辛み・酸味

①②の調味料をベースに、スパイスや酸味でアクセントをつける。味に変化をつけたり、旨みやコクを倍増させる効果がある。たれか、仕上げに加えても OK。

コラム❷ 小鍋生活ワンポイント・レッスン

旨みを生み出す身近な食材

コラム1で味つけの基本を紹介したが、調味料以外にも旨みを生み出す身近な食材がある。海苔、乾燥わかめ、桜エビ、ちりめんじゃこ、シーフードミックス、とろろ昆布、ベーコン、ソーセージ、なめたけ、キムチ、ザーサイなどを加えるだけで、塩分のみならず、食感、香り、コク、辛みなど味わいに即効で変化が生まれる。

薄口しょうゆは万能調味料

鍋料理に重宝するのが薄口しょうゆ。しょうゆ（濃口しょうゆ）に比べ、色が薄く香りは強くないが、しょうゆの塩分が15％に比べて、薄口しょうゆは16〜17％と、塩分が強いのが特徴。煮込んでも具材の色合いを黒くせず、塩分しっかり、しょうゆの香りも残る。魚介や香りの強い野菜、青菜の多い鍋などに、しょうゆの代わりに使うと素材の味を感じやすい。エスニック、イタリアンにも合う万能調味料だ。

常用薬味の保存

万能ねぎ、ねぎの小口切り、しょうが薄切り、せん切り、すりおろしなど、薬味は鍋の味わいをおいしく変化させる。多めに刻んでおいて、小分けラップして保存容器に入れて、冷凍に。使うときは冷凍のままトッピング。

ごぼうやじゃがいもは旨みに使える

大根や白菜は鍋の定番食材だが、続くとさすがに飽きがくる。そこでおすすめしたいのが、ごぼうとじゃがいも。甘みや香りがあり、

少量でも味わいに変化がつけられる。煮込み時間を考えて薄めに切って加えるとよい。

白菜は使い分けて楽しむ

白菜は、葉先・葉と茎元の中ほど・茎元や芯の部分で味わいが違う。その違いを意識して使い分けたい。葉先は葉野菜のように仕上げにさっと加え、茎元や芯に近い部分は大きめに切り大根のようにじっくり煮込む。中ほどの葉は大きめにちぎると、ほどよい甘みと食感が楽しめる。

万能ねぎは2つの味を楽しむ

万能ねぎは、葉先部分とそれ以外を分けて使う。葉先は細かく切ってたれなどに加える薬味にするが、ひげ根ギリギリを落とし、あとは7〜8cmほどの大ぶりに切ると、食感がほどよく残り、長ねぎやニラのように使える。

葉物は「生け花」にして持たせる

ほうれんそう、小松菜、チンゲンサイなどの葉物野菜は、鍋のヘビーローテーション。冷蔵庫にも常備したい。でも、買ってきてそのまま保存するのはダメ。まず根っこを落として花を生けるようにたっぷりの水につけること。15分ほどで葉が広がりぴんと張るので、切り分けて保存袋に。葉が長持ちするだけでなく、食感や香りまでが変わる。

オクラや長いもでスープに粘度を

オクラや長いもなどのネバネバ食材は、鍋とは遠い存在のようだが

意外と使える素材。いずれも火を通すことでとろみが出るので、小口切りやせん切りなどにして加えると、スープがトロリとして味がまとまりやすくなり、鍋の温度も冷めにくい。

ミニトマトは使える

トマトの種の周りのゼリー状の部分は、旨み成分・アミノ酸の宝庫。とくにミニトマトは小さな分だけその割合が多く、甘みも濃い。これを鍋に使わないのはもったいない。しょうゆや味噌と合わせると彩りもよくなり、適度な酸味も加わりさらにおいしい。

にんにく・しょうがは大きめに

にんにくやしょうがは鍋のアクセントにもってこい。薬味のイメージで、細かく切ってたれに使う以外にも、スープやだしにも使ってみたい。にんにくはまるごと、しょうがは厚めにスライスして鍋に入れる。スープが優しくじんわり変化して、ほどよく発汗もしてくる。じっくり煮れば、にんにくも最後に具材として食べられる。

鍋の定番は「鶏もも」と「豚バラ」

鍋の具材は、鶏ももと豚バラが心強いツートップ。短時間で旨みが出て、固くなりにくく、価格も比較的変わらず、大きさや厚さのバラツキも少ない。そして何より誰とでもおいしさを共感できる。ふだんから食べやすい大きさに切り分け、1食分ずつ保存すると便利。

肉の保存方法

鶏ももも豚バラも、3〜4日で使い切るなら保存は冷蔵庫でOK。冷凍するなら、薄く平らにパックするのが基本。早く冷えて固まり、解凍も早くおいしさを逃さない。食べやすい大きさに切った肉は、ラップの上に平らに広げ、空気を抜きながらピッチリ包む。ひとり分の100〜150gをちょうど名刺2枚を広げたサイズで、1〜2cm程度の厚みに形作ると解凍しやすい。この方法は空気が抜けて酸化しにくく、凍ったまま鍋に入れてもよい。くれぐれも買った時の白いトレイのまま冷凍庫へ入れないこと。

豚肉は部位を混ぜる

豚バラはおいしいが、脂肪が気になる。とはいえ脂が少ないと豚バラのよさがなくなる。そこで薄切り肉は「混ぜる」のがおすすめ。肩ロースは適度に脂肪があり、噛みごたえもある。もも肉は、噛みやすい柔らかさがある。そこで、しゃぶしゃぶやキムチ鍋などには部位をいろいろ混ぜて使うと、新たな美味しさを発見できるはずだ。

鶏肉は骨付きがおすすめ

手羽先、手羽中、手羽元は、旨みの宝庫。皮や骨の周りにはコラーゲンや旨みがたっぷり。安価でスープのベースにもなり、長く煮込んでも縮まらず、固くなりにくいのも「使える素材」のゆえんだ。

ひき肉は「少し気にして」使う

ひき肉は細かい肉片の集まりで、空気に触れる面積の割合が大きい

ため、脂の酸化も早くなり、水分（ドリップ）も出やすい。そのため鍋に使う時は、早めに使い切るのがベスト。残ってしまったら、もも肉・バラ肉同様にラップに包んで冷凍庫へ。ひき肉 100g を名刺 2 枚のサイズに平らに広げてラップで包む。薄いので、解凍しなくてもそのまま鍋へ入れれば、味のベースになる。

魚介類は塩だら・塩鮭を定番にする

寒いシーズンが旬の魚介はおいしく、鍋にはもってこい。でも、値段や保存方法が気になり、小鍋には使いにくいと思われるかもしれない。そこで安心して使えるのが、手軽な塩だらや塩鮭。塩分がたんぱく質を変性させて、旨みが濃くなり、味つけの手間も省けて味も決まりやすい。煮込んでもパサつかないのも嬉しい。ただし、使いたいのは辛口より甘口。酒や水などでさっと洗うと塩分がちょうどよい。

小鍋の準備

朝、小鍋の準備をするのは効率がいいが、ひとつ注意。野菜はそのまま小鍋に詰めておいて OK だが、肉や魚はラップに包んでその上に乗せておくのが正解。スープも同様。注いでおきたいのはやまやまだが、余分な水分が出て、味を損ねるだけではなく、雑菌の繁殖を招き衛生的にもよくない。ペットボトルなどに別にとっておくのがよい。これらの注意点を守って、安全でおいしい小鍋生活を。

第 2 章

「家飲み」にぴったり！
おつまみ鍋

小鍋シアター❷「デートのお誘い」

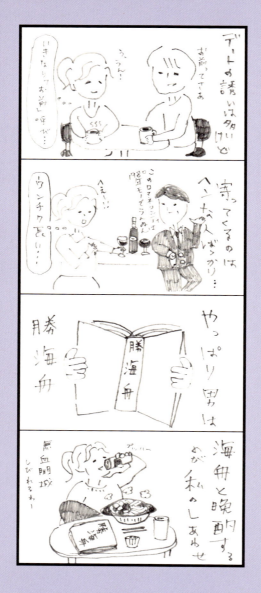

「家飲み」にぴったりな10の小鍋レシピをご紹介します。小鍋は、具材が少ないのが特徴。それだけに、一品ごとに味わいが変わりますから、鍋の種類によって焼酎、日本酒、ビール、ワインなどさまざまなお酒をおいしくいただけます。コンロにかけておけばずっと温かいから、本などを楽しみながらチビチビやるのにもピッタリ。お酒が終わったら、仕上げにご飯やうどんでお腹をいっぱいにもできる「万能レシピ」です。

豆腐とひき肉のサンラータン鍋

とろっとろの中華スープで紹興酒を楽しむ

【具材】

豚ひき肉…80g
豆板醤（とうばんじゃん）…小さじ1/2
ニラ（2cm長さに切る）…1/2把（50g）
豆腐（3等分に切る）…1/2丁（150g）
水溶き片栗粉…片栗粉（大さじ1）＋水（大さじ2）

【スープ】

昆布（5cm角）…1枚
塩…小さじ1/2
オイスターソース…大さじ1
水…2カップ

【仕上げ】

卵（ざっとほぐす）…1個
酢…大さじ1〜2
こしょう…小さじ1/4
ラー油…適宜

● つくり方

❶ 鍋にひき肉と豆板醤を広げてから中火にかけ、脂が出てきたら1分炒める。

❷ 混ぜ合わせた【スープ】を注ぎ、煮立ったらアクをとり、豆腐、ニラ、水溶き片栗粉を入れてとろみをつける。

❸ 1〜2分煮て、溶き卵を加え、箸でくるくると混ぜる。酢、こしょう、ラー油をふり入れて仕上げる。

ひき肉を炒めるときに油はひかず、ひき肉自身の脂だけで炒めると旨みがよく出る。とろみのついたスープに溶き卵を加えたら、手早く混ぜて、卵を全体に広げる。

豆腐とじゃこの海苔鍋

「潮の香り」で焼酎が旨い

【具材】
豆腐（4等分に切る）…1丁（300g）
長ねぎ（みじん切り）…1/2本（50g）
ごま油…大さじ1
ちりめんじゃこ…30g
海苔（細かくちぎる）…全形2枚

【スープ】
塩…小さじ1/2
水…2カップ

【仕上げ】
こしょう…適宜
長ねぎの葉の青い部分（みじん切り）…適宜
ごま油…小さじ1

● つくり方
❶ 鍋にごま油を中火で熱し、長ねぎを1分炒め、ちりめんじゃこを加えてひと混ぜする。
❷【スープ】を注ぎ、煮立ったらアクをとり、豆腐を入れる。
❸ 海苔を加えて溶けるまで弱火で煮て、【仕上げ】を順に加える。

豆腐を食べ終わった、とろみのある海苔のスープはご飯にかけても美味。わさびを入れると茶漬け風にも。

豆腐となめたけの煮やっこ

甘じょっぱいなめたけが日本酒に合う

【具材】
豆腐（切らずに）…1丁（300g）
長ねぎ（小口に切る）…1/2本（50g）

【スープ】
しょうゆ…小さじ2〜大さじ1
なめたけ…80〜100g
水…1カップ

【仕上げ】
七味唐がらし…適宜
からし…適宜

● つくり方
❶鍋に【スープ】を入れて、中火にかける。
❷煮立ったら豆腐と長ねぎを加えてふたをし、弱火で3〜4分煮る。
❸【仕上げ】を添えて、豆腐をくずしながらスープとからめていただく。

豆腐は絹がおすすめ。弱火でじっくり加熱するのがコツ。なめたけはお好みで分量を加減して。

ごぼうと牛肉の柳川鍋

ビール党にはたまらない甘辛系の定番

【具材】

肩ロースなどの牛薄切り肉（大きければ半分にちぎり、小さじ1のしょうゆをからめる）…80g

ごぼう（よく洗ってピーラーで帯状に切る⇒108ページ）…1/4本（40g）

長ねぎ（斜め5mm幅に切る）…1/2本（50g）

【スープ】

しょうゆ…大さじ2
みりん…大さじ3
水…¾カップ

【仕上げ】

卵（ざっとほぐす）…2個
七味唐がらしまたは粉さんしょう…適宜

●つくり方

❶鍋か小さめのフライパンに【スープ】を入れて、中火で1〜2分煮立てる。

❷長ねぎ、ごぼう、牛肉を順に加え、1〜2分煮る。

❸卵を中央から全体に回し入れ、中火で20〜30秒程度火を通す。お好みで、七味、粉さんしょうを散らす。

あらかじめ牛肉にしょうゆをからめておくと、短時間で牛肉にスープや具材の味が染み込む。

きのこと豆腐のアヒージョ

スペインバルの定番をアレンジ

【具材】
木綿豆腐（8等分に切る。ペーパータオルの上に10分置いて水気を切る）…1丁（300g）
生マッシュルーム（石づきをとる）…4個
にんにく（縦半分に切って芯をとり、3mm幅の薄切りにする）…2かけ
オリーブ油…大さじ6

【スープ】
塩…小さじ2/3
赤唐がらし（種をとって半分にちぎる⇒106ページ）…1本
カレー粉…小さじ1

● つくり方
❶ スキレットまたは小さめのフライパンにオリーブ油とにんにくを入れて中火にかけ、香りが出るまで火を通す。
❷ 豆腐とマッシュルームを入れ、表裏を中火で2分ずつ焼く。
❸【スープ】をそれぞれ全体にふりかけ中火で5～6分火を通す。途中オリーブ油をかけながら煮る。

豆腐に油の旨みを吸わせるために、あらかじめ豆腐の水気をしっかり切っておく。豆腐とマッシュルームを食べて残った油にパンをつけてもおいしい。

オイルサーディンのレモン鍋

ジュワッとくる濃厚オイルで白ワインが進む

【具材】
オイルサーディン缶…1缶（105g）
たまねぎ（薄切り）…1/2個（100g）
にんにく（4等分）…1かけ

【スープ】
オリーブ油…大さじ2
しょうゆ…小さじ2

【仕上げ】
レモン（半月の薄切り）…3〜4枚

● つくり方
❶ スキレットまたは小さめのフライパンにたまねぎ、にんにくを広げ、オイルサーディンを缶汁ごと入れる。
❷【スープ】を全体にふりかけ中火にかける。
❸ 煮立ったら【仕上げ】を加え、さっと煮る。

オイルサーディンは、肉厚で身が大きく、濃厚な味わいのキングオスカーがイチオシ。

豚肉とねぎのさっぱり肉吸い鍋

ハイボールが飲みたくなるあっさり関西屋台風

【具材】
豚バラ薄切り肉（6〜7cm長さに切る）…150g
長ねぎ（縦半分に切り、斜め薄切り⇒106ページ）…1本（100g）
シイタケ（薄切り）…4枚

【スープ】
昆布（5cm角）…1枚
みりん…大さじ2
薄口しょうゆ…大さじ2
黒粒こしょう（スプーンであらく潰す⇒110ページ）…5粒
水…1・1/2カップ

【仕上げ】
すだち…適宜
こしょう…適宜

● つくり方
❶ 豚肉をボウルに入れ、かぶるくらいの熱湯を注ぎ、1分置きとり出す。
❷ 鍋に【スープ】を入れて中火にかけ、煮立ったら豚肉、長ねぎ、シイタケを入れる。
❸ 弱火で5分煮て、お好みで【仕上げ】をかけていただく。

豚バラ肉は、熱湯をかけて余分な脂を除いておくと、やわらかさと濃厚な旨みはそのままに、スッキリとしたスープが楽しめる。

納豆チゲ鍋

こってり味噌鍋でビールが進む

【具材】
ひきわり納豆(豆板醤(とうばんじゃん)小さじ1としょうゆ大さじ1を混ぜる)
…1パック(45g)
エノキ(石づきをとって小房に分ける)…1パック(100g)
ニラ(1cm長さに切る)…1/2把(50g)
合いびき肉…100g
ごま油…大さじ1

【スープ】
味噌…大さじ2
砂糖…小さじ1
水…2カップ

●つくり方
❶鍋にごま油を中火で熱し、合いびき肉をさっと炒めたら、混ぜ合わせた【スープ】を注ぐ。
❷煮立ったらアクをとり、エノキ、納豆を加えほぐしながら煮る。
❸最後にニラを加えて、1〜2分全体がしんなりするまで煮る。

合いびき肉は先に炒めてダシのベースにする。牛と豚の"いいとこどり"の旨さが出て、本格味に。

油揚げときのこのとろろ昆布鍋

とろろ昆布の香りが熱燗にぴったり

【具材】
油揚げ（ぬるま湯でもみ洗いし、水気を切って6等分に切る）…2枚
エノキ（石づきをとって小房に分ける）…1パック（100g）
水菜（6cm長さに切る）…1/2把（50g）

【スープ】
薄口しょうゆ…大さじ2
みりん…大さじ2
水…2カップ

【仕上げ】
とろろ昆布…ひとつかみ（10g）

●つくり方
❶鍋に【スープ】を入れて中火にかけ、1～2分煮立てる。
❷油揚げを加え、弱火で5分煮る。
❸エノキと水菜を加え、【仕上げ】を加えひと煮する。

油揚げは先に煮て、スープの味を含ませる。エノキのとろみと、とろろ昆布のねばりが油揚げにゆっくりからんで、ヘルシーなのに濃厚。

塩鶏こしょう鍋

黒こしょうの風味にビールが止まらない

【具材】

鶏もも肉（余分な脂を除き 2cm 幅に切る ⇨ 109 ページ）…1 枚（200 〜 250g）
塩…小さじ 2/3
白菜（根元は幅 2 × 6cm、葉は 4 × 6cm に切る）…1/8 株（200g）

【スープ】

みりん…大さじ 1
オリーブ油…大さじ 1
黒粒こしょう（スプーンであらく潰す ⇨ 110 ページ）…20 粒
水…2 カップ

● つくり方
❶ 鍋に鶏もも肉を入れ、塩をふってよくもみ混ぜる。
❷【スープ】を注いで中火にかけ、煮立ったらアクをとり、弱火で 5 〜 6 分煮る。
❸ 白菜の根元を加えて、さらに 2 分弱火で煮てから、葉を加えてひと煮する。

鶏もも肉についている黄色い脂肪は臭みの原因になるので取り除く。あらかじめ塩をからめてから煮込むと、鶏の旨みの効いただしが出る。

コラム❸
余った素材で、火を使わずおつまみ1品

大根のおろしマヨわさび

ソテーした肉に乗せても楽しめる一品

【材料】
大根…150g
マヨネーズ…大さじ2
わさび…小さじ1
しょうゆ…小さじ1
カイワレ…適宜

● つくり方
❶ 大根はよく洗って皮ごとすりおろし、ざるにあげて水気を切る。
❷ ❶にマヨネーズ、わさびを加えざっくりと混ぜる。しょうゆで味をととのえ、カイワレを添える。

豆腐をくずしてわかめの白和え

豆腐の水分を吸った乾燥わかめのプリプリ食感

【材料】
木綿豆腐…1/2丁（150g）
塩…小さじ1/4
乾燥わかめ…小さじ1
ごま油…小さじ1
からし…小さじ1/2

●つくり方
❶ボウルに豆腐を入れてくずす。
❷❶に塩、わかめ、ごま油、からしを加えて、わかめが少し戻ってくるまでよく混ぜる。

大根の甘酢漬け

日本酒・焼酎にぴったり

【材料】
大根（1.5 × 1.5 × 4cm の拍子に切る⇒ 107 ページ）…1/6 本（150g）
塩…小さじ 1
砂糖… 大さじ 1
酢…大さじ 1
水菜… 適宜

● つくり方
❶ 大根に塩と砂糖をふりからめ、10 分置いてしんなりさせる。
❷ ❶の水気をしぼり、酢をからめて、汁気を切って、器に盛る。水菜を添える。

白菜のにんにくしょうゆ和え

白菜の芯が絶品おつまみに

【材料】

白菜の芯（またはキャベツでも）…100g
にんにく（すりおろし）…1/6 かけ
しょうゆ…大さじ 1/2
砂糖…ひとつまみ
ごま油…小さじ 1/2

●つくり方
❶白菜またはキャベツを 5cm 角程度にちぎる。
❷ボウルに❶を入れ、調味料を順に加え、手でもみ混ぜる。

ねぎキムチ卵

ごま油でキムチの辛みをまろやかに引き出す

【材料】
長ねぎ…1/5本（25g）
白菜キムチ…30g
温泉卵…1個
ごま油…少々
しょうゆ…少々

●つくり方
❶長ねぎは縦半分の斜め薄切りにする（⇨ 106 ページ）。
❷長ねぎ、キムチ、ごま油、しょうゆを混ぜて器に盛り、温泉卵を乗せる。

ねぎやっこ

いつもの豆腐が絶品薬味で新たな味わい

【材料】
豆腐…1/2丁（150g）

【薬味】
ごま油…大さじ 1/2
塩…小さじ 1/4
こしょう…少々
しょうが（みじん切り）…1かけ
長ねぎ（みじん切り）…1/3本（30g）

◉つくり方
❶【薬味】を混ぜ、5分置いて味をなじませる。
❷3等分に切った豆腐に❶を乗せる。

梅わさび野菜スティック

どんな野菜にも合うさっぱりピリ辛ソース

【材料】

お好みの野菜（大根・にんじんなど）…適宜
梅干し…1個（10g）
わさび…小さじ1
マヨネーズ…大さじ2
水菜…適宜

◉つくり方
❶梅干しは種をとってたたき、わさび、マヨネーズを混ぜる。
❷食べやすく切った野菜、水菜を添える。

エノキのポン酢和え

生エノキのシャキシャキ食感が新鮮

【材料】

エノキ…1/2 パック（50g）
水菜（5〜6cm 長さに切る）…15g

【たれ】

酢…大さじ1　　　　　　砂糖…大さじ1/2
しょうゆ…大さじ1　　　みりん…大さじ1/2

◉つくり方
❶ エノキの石づきをとって、長さを半分に切りほぐす。
❷【たれ】をからめて味をなじませる。

トマトのしょうがオイル

トマトの種の旨みとしょうがのさっぱり風味

【材料】
トマト…1/2 個

【薬味】
しょうが（みじん切り）…1/2 かけ
薄口しょうゆ…小さじ1
オリーブ油…小さじ1

●つくり方
❶トマトは 1cm の輪切りにする。
❷❶に【薬味】を順にかける。

第3章

ひと手間かけて激うま鍋

〈2〜3人前〉

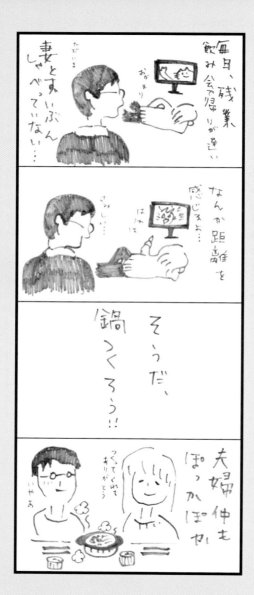

ちょっとひと手間かけてつくる11の激うま鍋レシピ（2〜3人前）をご紹介します。忙しい平日の晩ご飯はカンタン鍋でローテーションを組むことをおすすめしますが、週末は多少手間がかかっても、ご家族やご夫婦、カップルで鍋を囲んでワイワイ楽しみたいものです。手間がかかるとは言っても、シンプルな鍋料理。ふだんあまり料理をしない男性でも、レシピどおりつくれば極上の味わいを楽しむことができます。

鶏団子のちゃんこ鍋

ホッと心が和む「にっぽんの味」

2人前

【具材】
鶏団子（⇨つくり方は102ページ）
大根（皮をむいて5mm厚さのいちょう切り）…1/4本弱（200g）
シメジ（石づきをとって小房に分ける）…1パック（100g）
エノキ（石づきをとって小房に分ける）…1パック（100g）

【スープ】
昆布（5cm角）…1枚
しょうゆ…大さじ4　　　　みりん…大さじ4
酒…大さじ4　　　　　　　水…4カップ
かつお節（ペーパータオルで折りたたんで包む⇨105ページ）…1袋（3〜5g）

【仕上げ】
白すりごま…大さじ2
万能ねぎ（小口切り）…適宜

● つくり方
❶ 鍋に【スープ】と大根、きのこ類を入れて中火で煮立て、弱火にして5分煮る。
❷ 鶏団子をスプーンで丸めながら加え、弱火で10〜15分煮る。
❸ 鶏団子は途中一度上下を返す。アクが出たらとり、かつお節を箸でつまんでとりだし、【仕上げ】をふっていただく。

鶏団子を入れたら、弱火でゆらゆらと煮るのがコツ。固くならず、ふっくらとした食感に煮上がる。

ごま豆乳の豚しゃぶ

460 kcal

―― "濃厚スープ" と "さっぱりだれ" で2度おいしい ――

2 人前

【具材】

ロース、肩ロースなどの豚薄切り肉…200〜250g
白菜（根元は3cm幅、葉は6cm角に切る）…1/4株（600g）
エリンギ（縦に6つに裂く）…2本（100g）

【スープ】

味噌…大さじ4　　　　　　　豆乳…2カップ
白すりごま…大さじ4　　　　水…2カップ

【たれ】

ゆずこしょう…小さじ1　　　水…大さじ2
薄口しょうゆ…大さじ1　　　ごま油…小さじ1/2
酢…大さじ1

● つくり方

❶ 鍋に【スープ】の味噌と白すりごまを入れてよく混ぜる。
❷ 豆乳と水を混ぜたものを少しずつ注いで溶き伸ばし、【スープ】をつくる。
❸ ❷を中火で煮立て、エリンギを入れ、少し火が入ったら、肉と白菜を入れ、お好みの火通りでいただく。そのままいただいても、【たれ】をかけてもいい。

濃厚ごま豆乳スープだけでもおいしいが、"さっぱりだれ" をかけると2つの味が楽しめる。

豚肉と白菜のレモン鍋

驚き！レモンが生み出す極上風味

2人前

【具材】

豚バラ薄切り肉（6〜7cm長さに切る）…200〜250g

白菜（繊維を断つように5mm幅に切り、葉と根元を分ける）…1/4株（600g）

シイタケ（薄切り）…4枚

レモン（半月の薄切り）…1/2個（40g）

【スープ】

昆布（5cm角）…2枚　　薄口しょうゆ…1/4カップ

みりん…1/4カップ　　　水…4カップ

【仕上げ】

あら挽き黒こしょう…たっぷり

レモン果汁…1/2個

● つくり方

❶ レモンは分量外の塩で皮をもみ洗いして流し、半分は果汁をしぼり、残りは半月の薄切りにする。

❷ 鍋に【スープ】を入れて中火で煮立て、肉、白菜の根元、レモンの薄切り、シイタケを入れる。

❸ 豚肉の色が変わったら、白菜の葉を加えてひと煮し、しんなりしたところでいただく。お好みで【仕上げ】をふる。

白身魚やイカ、ホタテなど、レモンと相性のいい魚介を加えても美味。その場合は、仕上がりに大さじ1〜2のオリーブ油を加えるとよい。

合わせ肉でトマトすき焼き

絶品肉汁をジュワ〜ッと楽しむ

2人前

【具材】

豚肩ロース薄切り肉…150g

もも、肩ロースなど牛すき焼き用薄切り肉…150g

たまねぎ（縦半分に切り、繊維を断つように1cm幅に切る⇨108ページ）…1個（200g）

ごぼう（水で洗い、目立つ汚れをスプーンでこそげ取り、ピーラーで帯状に切る⇨108ページ）…小1本（100g）

ミニトマト（ヘタを取る）…1パック（150g）　　ごま油…大さじ1

【スープ】

昆布（5cm角）…2枚　　しょうゆ…1/3カップ　　みりん…1/2カップ
砂糖…大さじ1　　水…1/3カップ

【たれ】

卵…2個　　長いも（皮をむいてすりおろし、卵と合わせる）…100g
七味唐がらし…適宜

● つくり方

❶ フライパンにごま油を中火で熱し、たまねぎ、豚肉を広げてさっと焼く。

❷ 豚肉の色が変わりはじめたら、豚肉を片側に寄せ、牛肉、ごぼう、トマトを順に入れ、【スープ】を加えて味をからめる。

❸ 全体に味がなじんだら、【たれ】につけていただく。お好みで七味を。

定番の卵に長いものすりおろしを加えると、卵のなめらかさと長いものシャリトロ食感を長く楽しめる。

ウーロン茶の極上豚しゃぶ

"お茶の香り"が部屋に立ち込める薬膳鍋

2人前

【具材】

バラ、ももなど豚肉しゃぶしゃぶ用肉…250g

大根（皮をむき、薄く輪切り）…1/4 本（250～300g）

にんじん（皮をむき、薄く輪切り）…1/2 本（80g）

ほうれんそう（根元を落として長さを半分に切る）…100g

ワンタンの皮…1 袋

【スープ】

塩…小さじ 1/2　　　　　ウーロン茶（缶やペットボトル）…4～5 カップ

しょうが（せん切り）…3 かけ

【たれ】

豆板醤（とうばんじゃん）…小さじ 1/4～1/2　　　　酢…大さじ 4

しょうゆ…大さじ 3　　　　　　　　ごま油…大さじ 2

塩…小さじ 1/2　　　　　　　　　　こしょう…10 ふり

桜エビ（あらみじん切り）…大さじ 2（6g）

長ねぎ（みじん切り）…1/2 本（50g）

●つくり方

❶鍋に【スープ】を中火で煮立て、大根とにんじんを先に入れる。

❷肉とワンタンの皮を 1 枚ずつ入れ、煮えたところから引き上げる。

❸【たれ】でいただく。

ぎょうざの皮より薄いワンタンの皮がしゃぶしゃぶにはぴったり。大根、にんじんはスライサーを使うとより簡単。

フライパンでチョンゴル鍋

ワイワイ楽しい"手巻き鍋"

2人前

【具材】

もも、肩ロースなど牛薄切り肉（5cm 長さに切る）…200g
にんじん（太めのせん切り）…1/2 本（80g）
ニラ（6cm 長さに切る）…1 把（100g）
もやし…1 袋（200g）
たまねぎ（5mm 幅の薄切り）…1/2 個（100g）
ごま油…適宜

【たれ】

砂糖…大さじ2	豆板醤（とうばんじゃん）…小さじ2	片栗粉…小さじ1
味噌…大さじ3	白すりごま…大さじ1	しょうゆ…大さじ1
にんにく（すりおろし）…1 かけ		ごま油…大さじ1
しょうが（すりおろし）…1 かけ		

【仕上げ】

サンチェまたはレタス…適宜　　　ご飯…適宜　　　韓国海苔…適宜

● つくり方

① ボウルに【たれ】を合わせ、牛肉を加えてもみからめる。
② フライパンに薄くごま油を塗り、中央に①、周囲に放射状に野菜をおく。
③ ふたをして強火にかけ、ふつふつしたら、そのまま3〜4分蒸し焼き。
④ ふたをはずして肉をほぐして、強火のまま水分を飛ばしながら2分程度炒める。
⑤ サンチェやレタスにご飯、韓国海苔、④を乗せていただく。

鶏もも肉のタッカンマリ風鍋

シンプルなのにこってり激うま鍋

2人前

【具材】

鶏もも肉（余分な脂を除き、1枚を6等分に切る⇒109ページ）…小2枚（400g）

じゃがいも（皮をむいて4等分に切り、さっと水にさらす）…2個（300g）

長ねぎ（斜め5mm幅に切る）…2本（200g）

にんにく（薄切り）…2かけ

【スープ】

酒…1/2カップ 　　　　　　砂糖…大さじ1
塩…小さじ2 　　　　　　　水…3～4カップ

【たれ】

オイスターソース…大さじ1 　　　しょうゆ…大さじ1
酢…大さじ1 　　　　　　　　　　一味唐がらし…小さじ1/2
ごま油…大さじ1

● つくり方

① 鍋に【スープ】とじゃがいも、にんにく、鶏もも肉を入れて中火にかける。
② 煮立ったらアクをとり、弱火で10分、長ねぎを加えてさらに10分煮る。
③ 【たれ】をかけていただく。

じゃがいもをサツマイモに変えてもいい。彩りもよく甘みの効いた辛さを楽しめる。

スンヂュブチゲ鍋

ピリ辛濃厚旨みでご飯がうまい

2人前

【具材】

絹ごし豆腐（3～4等分に割る）…1丁（300g）
冷凍シーフードミックス…100g
豚バラ薄切り肉（5cm幅に切る）…100g　　　　合いびき肉…100g
ニラ（5cm長さに切る）…1/2把（50g）　　　　白菜キムチ…50g

【スープ】

昆布（5cm角）…2枚　　　塩…小さじ1　　　水…2・1/2カップ

【たれ…タデギ⇒つくり方は104ページ】

しょうが（すりおろし）…2かけ　　　　　　　ごま油…大さじ2
にんにく（すりおろし）…2かけ　　　　　　　砂糖…大さじ1
韓国唐がらし…大さじ1（8g）＊一味唐がらしの場合は小さじ1

【仕上げ】

卵…2個

◉つくり方

❶鍋に合いびき肉と【スープ】を入れて中火にかけ、煮立ったらアクをとり、弱火にして5分煮る。
❷【たれ（タデギ）】を入れて、豚肉、シーフードミックス、キムチ、ニラ、豆腐を加え、中火で2～3分煮る。
❸卵を割り入れ、お好みの火通りまで煮る。

エスニック炊き込みご飯

塩だらの旨みが染み込んだ野菜たっぷり混ぜご飯

2〜3人前

【具材】

米（といでざるにあげて、30分間水気を切る）…2合
切り身の塩だら…2切れ（200g）
長ねぎ（縦半分に切り、斜め薄切り⇒106ページ）…1/2本（500g）
三つ葉（2cm幅に切る）…1把（40g）
クレソン（2cm幅に切る）…1把（30g）

【スープ】

塩…小さじ1/2　　　　　　　　　　薄口しょうゆ…大さじ1
赤唐がらし（種をとって半分にちぎる⇒106ページ）…1本
しょうが（薄切り）…1かけ　　　　水…2カップ

【仕上げ】

ごま油…適宜　　　レモン（くし切り）…適宜　　　白いりごま…適宜

● つくり方

❶ 鍋に米を入れ、その上に魚を乗せ、【スープ】を全体にふりかけるように注ぐ。
❷ ふたをして中火にかけ、煮立ったら弱火にし15分程度炊き、火を止める。
❸ たらを取り出し、ほぐして骨をはずしてから戻し、さらに10分蒸らす。野菜をのせて混ぜて、お好みで【仕上げ】をかけていただく。

三つ葉やクレソンなど、少々クセのある野菜がアクセントになる。

ひき肉そぼろの坦坦鍋

担々麺好きにはたまらない濃厚中華鍋

2人前

【具材】

そぼろ…⇨つくり方は103ページ

キャベツ（4cm角に切る）…4枚（200g）

シメジ（石づきをとって小房に分ける）…1パック（100g）

ニラ（7〜8cm長さに切る）…1把（100g）

【スープ】

白練りごま…1/2カップ（100g）

オイスターソース…大さじ2

塩…小さじ1/2

ラー油…小さじ1

水…3カップ

● つくり方

❶ 鍋に【スープ】の白練りごま、オイスターソース、塩、ラー油を入れてよく混ぜる。

❷ 水を少しずつ注いで溶き伸ばし、【スープ】をつくり、よく混ぜながら煮立てる。

❸ 煮立ったら野菜を入れ、そぼろを乗せてふたをして、煮えたところからいただく。

辛み好きなら、最後にお好みでラー油を足してもOK。

大根と鶏骨付き肉のサンゲタン

鶏の濃厚な旨みを吸ったおかゆと大根が絶品

2人前

【具材】

鶏骨付きぶつ切り肉または手羽元（⇨骨付き鶏肉の処理方法は109ページ）…400〜450g

塩…小さじ1

大根（皮をむいて、ひと口大の乱切り）…1/4本（300g）

米（研いでざるにあげる）…大さじ4

【スープ】

赤唐がらし（種をとる）…1本　　　しょうが（薄切り）…2かけ
にんにく（半分に切る）…1かけ　　水…3・1/2カップ

【仕上げ】

三つ葉…適宜　　　　　　柿ピー…適宜
ザーサイ…適宜　　　　　ごま油…適宜

● つくり方

❶ 鶏肉を鍋に入れて、塩をもみからめる。

❷【スープ】と米を入れ中火にかけ、煮立ってきたら、大根を加えてひと混ぜする。

❸ ふたをして、途中混ぜながら弱火で30〜40分煮る。器に盛り、お好みの【仕上げ】を添える。

大根をごぼう、れんこん、にんじんなどの根菜にかえてもいい。柿ピーを仕上げに加えると食感も楽しい。

コラム❹
「まいにち小鍋」のお料理教室

鶏団子のつくり方

【材料】

鶏ひき肉…300g
卵…1個
塩…小さじ1/2
小麦粉…大さじ3
しょうが（みじん切り）…1かけ

◉つくり方

❶材料をボウルに入れる。

❷手の平が当たると脂が出てしまうので、指先でねばりが出るまで混ぜる。

❸スプーン2本で丸めながら形を整える。

【ワンポイント】

スプーンで丸めながら形を整えて、鍋の中に直接入れると、手も汚れずに、柔らかくふんわりと仕上がる。

そぼろのつくり方

【材料】
豚ひき肉…150g
味噌…大さじ2
砂糖…小さじ2
ごま油…大さじ1/2

しょうが（みじん切り）…1かけ
にんにく（みじん切り）…1かけ
長ねぎ（みじん切り）…1/2本（50g）

● つくり方

❶ 小さめのフライパン（直径20cm）にごま油を中火で熱し、ひき肉を加えて2分広げて焼き、1分炒める。出てくる脂をたたんだペーパータオルでしっかりと吸い取る。

❷ しょうが・にんにく・長ねぎを加えてさらに1〜2分炒める。

❸ 中央をあけて味噌と砂糖を入れ、少し火を通すように混ぜる。

❹ 全体が均一になじむまで炒めたら出来上がり。

【ワンポイント】
ひき肉から出る脂をしっかり吸い取っておけば、保存しても臭みは出ない。冷凍してもパラパラとしているので、解凍せずそのまま鍋に入れても大丈夫。

タデギのつくり方（スンヂュブの調味料）

【材料】
しょうが（すりおろし）…2かけ
にんにく（すりおろし）…2かけ
韓国唐がらし…大さじ1（8g）　⇨一味唐がらしの場合は小さじ1
ごま油…大さじ2
砂糖…大さじ1

●つくり方
❶ 小さめのフライパン（直径20cm）に材料を入れて混ぜ、中火にかける。

❷ 叩くようにして広げながら炒める。

❸ なじんで香りが出るまで約3〜4分炒めたら完成。

【ワンポイント】
唐がらしと油が多いので、冷蔵庫でも保存できる。3週間を目安に使い切るといい。

ペーパータオルでかつお節を包む方法

ひとり分のだしをとるのはいちいち大変。
簡単にだしの風味や旨みをもらう"裏技"

❶ ペーパータオルの中央にかつお節を置き、下側から折り始める。

❷ 中央に向かって左右をしっかり折ったら、上側を折る。

❸ 下側にできたポケットに、上側を差し込む。

❹ しっかりと差し込んだら完成。これを鍋に投入する。鍋に入れたら、ゆるやかに動かし、ペーパータオルが開かないように注意。

赤唐がらしの種をとる

❶ キッチンバサミで赤唐がらしの茎元を落とす。

❷ 竹串で赤唐がらしの種をとり出す。

縦半分の斜め薄切りにする方法

❶ 長ねぎを縦半分に切る。

❷ 切った断面を下にして、斜め薄切りにする。

拍子切り
（ひょうし）

❶ 大根の皮をむき、1cm程度の幅が均一になるように切る。

❷ ❶で切った幅になるように棒状に切る。

半月切り
（はんげつ）

❶ 円筒形の素材の皮をむき、丸い面を縦半分に切る。

❷ 切った断面を下にして、薄く切る。

くし切り（1/2 個を 6 等分の例）

❶ たまねぎを半分に切る。

❷ 半分に切ったたまねぎを 3 等分になるように切る。

たまねぎの繊維を断つように切る

❶ たまねぎを半分に切り、向きを 90 度かえて、繊維に直角に包丁を入れる。

ピーラーで帯状に切る

❶ 20 〜 30cm 程度の素材を上から下まで、同じくらいの幅になるようにピーラーで削る。

ピーラーで笹がきにする

❶ ごぼうなどを、5〜6cmの長さになるように削っていく。

骨付き鶏肉の処理方法

❶ 関節にキッチンバサミをあて、ハサミが入りやすい場所を探し、手先を落とす。

❷ 皮目を下にし、骨に沿って切り込みを入れる。火が通りやすく、後で食べやすいうえに、味のなじみもよい。

鶏肉の余分な脂をとり除く

❶ 皮の下にかくれた、黄色いブルブルとした脂の部分をできるだけとる。煮込んだとき、臭みもなく味わいがスッキリして、"おいしい鶏料理屋"の味に近づく。

ご飯・ひき肉を冷凍保存する

❶ ラップの上に1人前(80〜100g)の温かいご飯を、10cm角程度(名刺2枚を広げたサイズ)に薄く広げる。

❷ 空気を抜くように、ラップの上下左右を折りたたむ。

❸ ジップ式保存袋に入れて冷凍庫に入れる。凍ったままスープに入れてもOK。ひき肉も同様の包み方、使い方ができる。

黒粒こしょうのつぶし方

❶ ペーパータオルで黒粒こしょうを包み、上からスプーンの背で押しつぶす。

第 4 章

疲れたときに効く！
薬膳ヘルシー鍋
（やくぜん）

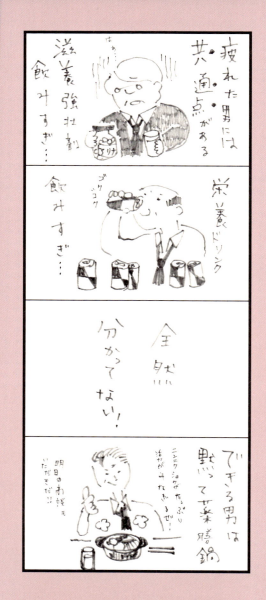

「ちょっと疲れたなぁ…」「体調がすぐれない…」「お肌が荒れてきた?」といったときにピッタリな、10の薬膳鍋レシピをご紹介いたします。もともと鍋料理は栄養バランスがよく、脂肪分も少ないのでヘルシーですが、このレシピを試していただければ、よりそれを実感していただけるはずです。世の中には、滋養強壮剤や栄養ドリンクがあふれていますが、素材そのものをおいしくいただく小鍋で、健康な食生活を送ってみては?

中華風にんにくすき焼き

肉汁あふれるスープで煮込んだにんにくも旨い

スタミナ増強

【具材】
豚バラ薄切り肉（長ければ半分に切る）…100〜150g
豆腐（3等分に切る）…1/2丁（150g）
チンゲンサイ（半分の長さに切り、根元は縦に4〜6等分にする）…1株（150g）
シイタケ（石づきをとる）…4枚
ごま油…大さじ1/2

【スープ】
砂糖…大さじ1
オイスターソース…大さじ2
しょうゆ…大さじ1
酒…1/4カップ
水…1/4カップ
にんにく（2〜4等分に切る）…2かけ

【たれ】
卵…2個

● つくり方
❶ 鍋にごま油を加えて中火にかけ、少し温かい程度で豚肉を広げて焼く。
❷ 肉の色が変わりはじめたら、肉を片側に寄せ、【スープ】と豆腐を入れて煮立てる。
❸ チンゲンサイとシイタケを加え5〜6分煮て、【たれ】につけていただく。

にんにくに含まれる硫化アリルが、スタミナ回復効果をもつ豚肉のビタミンB_1の吸収を助ける。にんにくはお好みでたっぷり加えてもOK。

青菜とひき肉のサグカレー鍋

450 kcal

パソコンでショボショボした目にはコレ

眼精疲労

【具材】
ほうれんそうまたは小松菜（根元を落として、長さを3～4等分する）
…小1把（150g）
たまねぎ（繊維を断って薄切り⇒108ページ）…1/4個（50g）
塩…小さじ1/2　　　　　　　豚ひき肉…100g

【スープ】
ケチャップ…大さじ2　　　　小麦粉…小さじ2
オイスターソース…大さじ1/2　水…1カップ
カレー粉…小さじ2

【仕上げ】
しょうが（せん切り）…1かけ　　バター…10g

●つくり方
❶ 鍋にほうれんそうを入れ、たまねぎを間に詰め、塩をふって、ひき肉を間に散らす。その上に【スープ】を順にふり入れ、水を注ぐ。
❷ ふたをして中火にかけ、煮立ったら弱火にし10分煮る。
❸【仕上げ】を加え、上下を返しながら温め3分程度煮る。

βカロテンと鉄分を含むほうれんそう、小松菜などの青菜は、目の粘膜を丈夫にし、目の細かい血管の流れもスムースに。疲労回復にも効果的。

たっぷり黒ごま鍋

こってり煮汁で黒ごまの香りが際立つ

体力回復

【具材】
鶏もも肉（余分な脂をとり、6 等分に切る⇒109 ページ）…1 枚（200 〜 250g）

ニラ（5cm 長さに切る）…1/2 把（50g）

たまねぎ（4 等分のくし切り⇒ 108 ページ）…1/2 個（100g）

キャベツ（4cm 角に切る）…4 枚（200g）

【スープ】
味噌…大さじ 2　　　　　　みりん…大さじ 2

豆板醤…小さじ 1/2　　　　しょうゆ…大さじ 1

ごま油…大さじ 1　　　　　水…2 カップ

【仕上げ】
黒すりごま…大さじ 3 〜 4

● つくり方

❶ 鍋に混ぜ合わせた【スープ】と鶏肉を入れて中火にかけ、煮立ったらアクをとり、弱火で 5 〜 6 分煮る。

❷ たまねぎとキャベツを加えて弱火で 4 〜 5 分煮る。

❸ ニラと【仕上げ】を加えてひと煮する。

ニラや黒ごまに含まれるビタミン E が体の細胞の酸化を抑え、体力回復に役立つ。

豚肉とパプリカのナッツ＆チーズ鍋

とろっとろチーズとナッツの食感がクセになる

ストレス緩和

【具材】

豚バラ薄切り肉（5cm長さに切り、小麦粉大さじ1をからめる）…100〜150g

白菜（5cm幅に切る）…250〜300g

赤パプリカ（乱切り）…1/2個（80g）

ブロッコリー…30g　　　　　　ミックスチーズ…50g

【スープ】

塩…小さじ1/2　　　　　　水…1カップ

【仕上げ】

ミックスナッツ（あらく刻む）…20g

あら挽き黒こしょう…適宜

● つくり方

❶ 鍋に白菜とパプリカを詰め、バラ肉を全体に乗せる。

❷【スープ】を注いでふたをし中火にかけて、煮立ったら弱火にして10分煮る。

❸ ブロッコリーとチーズを散らし、さらに4〜5分煮る。【仕上げ】をふり、混ぜながらいただく。

チーズのカルシウムで神経の興奮を抑えるとともに、パプリカとブロッコリーでストレスで消耗するビタミンCを補給。ナッツのビタミンB_2は精神安定に効果的。

オクラとささみのネバネバ鍋

あっさり旨いカレー風味だからご飯がすすむ

スタミナアップ

【具材】
ささみ（筋をとって5〜6等分のそぎ切り、片栗粉大さじ1をまぶす）
…3本（150g）
にんにく（5mm角）…1かけ
オリーブ油…大さじ1
オクラ（小口に切る）…8本（70g）
エノキ（2cm幅に切る）…1パック（100g）

【スープ】
塩…小さじ2/3
カレー粉…小さじ1
水…2カップ

【仕上げ】
海苔（細かくちぎる）…全形1枚

● つくり方
❶ 鍋にオリーブ油とにんにくを入れて中火にかけ、香りが出たら1分エノキを炒める。
❷【スープ】を注ぎ、煮立ったらオクラとささみを加える。
❸ 弱火にし2〜3分煮て、ささみに火が通ったら、【仕上げ】を加える。

オクラやエノキを煮込んで出てくるネバネバトロトロは、スタミナアップに役立つムチンなどの食物繊維が豊富。鶏むね肉に含まれるイミダゾールペプチドというアミノ酸もスタミナアップに有効。

ミネストローネ風ビネガー鍋

お酢とたっぷり野菜で元気になる

`疲労回復`

【具材】

じゃがいも（皮つきのまま 1cm の輪切り、水にさらさない）…1 個（150g）
赤パプリカ（1cm 幅の短冊切り）…1/2 個（80g）
塩…小さじ 1/2
ベーコン（2～3 等分に切る）…2 枚（約 30g）
にんにく（縦半分の薄切り）…1/2 かけ
たまねぎ（6 等分のくし切り⇒ 108 ページ）…1/2 個（100g）
トマト（6 等分のくし切り⇒ 108 ページ）…1 個（200g）

【スープ】

水…1・1/2 カップ

【仕上げ】

酢…小さじ 2　　　　　　バター…10g

【たれ】

クリームチーズ（常温に戻しよく混ぜる）…50g
塩…小さじ 1/4　　　こしょう…多め　　　水…小さじ 1
＊クリームチーズがなめらかになったら、水を少しずつ加えて他の調味料を加える。

● つくり方

❶ 鍋にじゃがいもとパプリカを入れ、塩をからめてから、たまねぎ、にんにく、トマト、ベーコンを順に重ね、【スープ】を注ぐ。
❷ ふたをして中火にかけ、煮立ったら弱火にして 10 分煮る。
❸ 【仕上げ】を加えさらに 5 分煮て、【たれ】をかけていただく。

鶏手羽先と春雨のコラーゲン鍋

たっぷりコラーゲンでお肌ツルッツル

美肌効果

【具材】
鶏手羽先…3〜4本（150〜200g）
塩…小さじ1/2
シイタケ（薄切り）…4枚
にんじん（太めのせん切り）…1/2本（80g）
春雨〔乾燥〕…30g

【スープ】
昆布〔5cm角〕…1枚　　　　水…3・1/2カップ
しょうが（薄切り）…1かけ

【たれ】
薄口しょうゆ…大さじ1　　酢…大さじ1　　白すりごま…大さじ1

●つくり方
❶ 鶏肉は、よく洗って水気を拭く。キッチンバサミで先を落とし、骨に沿って切り込みを入れる（⇒109ページ）。
❷ 鍋に❶を入れ塩をもみからめ、【スープ】と❶で落とした先を入れ、中火にかける。煮立ったらアクをとり、弱火で30分煮る。
❸ にんじん、シイタケ、乾燥のまま春雨を加え中火に戻し、上下を返して煮えたところから【たれ】をかけていただく。

手羽先は食べやすいように「先」を落とすが、だしの旨みとコラーゲンたっぷりの「先」を一緒に煮込んで、素材をムダなく活用する。

わかめと豆腐の豆乳鍋

豆乳スープでいただく濃厚湯豆腐

ホルモンバランス

【具材】
木綿豆腐（切らずに）…1丁（300g）
乾燥わかめ（水につけて戻す）…大さじ1（3g）
油揚げ（ぬるま湯でもみ洗いし、6等分に切る）…1枚

【スープ】
昆布（5cm角）…1枚
塩…小さじ1/2
豆乳…1カップ
水…1カップ

【たれ】
しょうゆ…大さじ2
酢…大さじ2
砂糖…小さじ2
粉さんしょう…小さじ1/4
しょうが（せん切り）…1かけ

●つくり方
❶鍋に豆腐と油揚げを入れて、【スープ】を注いで中火にかける。
❷煮立ったら弱火にして3分煮る。
❸わかめを加えて、煮えたところからすくい、【たれ】をかけていただく。

大豆製品は女性ホルモンと似た働きをするイソフラボンを含む。豆腐、豆乳、油揚げをふんだんに使った鍋は、体調の気になる女性におすすめ。

あさり缶とレタスの梅みそ鍋

あさりのスープと梅みそダレで胃液を分泌

食欲増進

【具材】
鶏むね肉（皮をとって、ラップをかぶせて30回叩き、そぎ切り）…1枚（200g）
レタス（大きめにちぎる）…1/2個（150g）

【スープ】
あさり缶…小1缶（130g）
昆布（5cm角）…1枚
水…2カップ

【たれ】
梅干し（種をとってあらくたたく）…1個（10g）
味噌…大さじ1/2
みりん…大さじ1
ごま油…小さじ1/2

● つくり方
❶ 鍋に【スープ】のあさり缶を缶汁ごと注ぎ、昆布と水、鶏肉を入れて中火にかける。
❷ 煮立ったらアクをとり、弱火にして5分煮る。
❸ レタスを加え、煮えたところから【たれ】をかけていただく。

弱った胃腸を、脂肪分の少ない鶏むね肉とレタスでいたわる。鶏むね肉は叩くことで繊維がほぐれ、火の通りもよくなり、口当たりも柔らかくおいしくなる。

野菜だけしゃぶしゃぶ

"濃厚旨み" なのにダイエット効果バツグン

(糖質オフ)

【具材】

にんじん(皮つきのまま縦半分、斜め薄切り⇒ 106 ページ)…1/2 本(80g)

大根(皮つきのまま縦半分、斜め薄切り⇒ 106 ページ)…100g

サニーレタス・ベビーリーフなど(大きめにちぎる)…適宜

ごぼう(ピーラーで大きめの笹がきにする⇒ 109 ページ)…2/3 本(100g)

たまねぎ(1cm 幅の薄切り)…1/4 個(50g)

【スープ】

薄口しょうゆ…大さじ 2　　　みりん…大さじ 2
昆布(5cm 角)…1 枚　　　水…3 カップ
かつお節(ペーパーで包む⇒ 105 ページ)…1 パック(3 〜 5g)

【たれ】

塩…小さじ 1/2　　　ごま油…大さじ 1
あら挽き黒こしょう…小さじ 1/2

【仕上げ】

レモン(くし切り⇒ 108 ページ)…適宜

●つくり方

❶鍋に【スープ】とごぼう、たまねぎを中火で煮立て、アクをとり弱火で 1 〜 2 分煮る。

❷かつお節を取りだし、野菜を入れる。

❸お好みの煮え具合で、【たれ】をかけていただく。【仕上げ】はお好みで。

コラム❺ 「締め」のお作法

ご飯とうどんは冷凍のまま

小鍋の締めは「ご飯」と「うどん」が定番だ。
しょうゆ味なら、まず間違いない。
煮込んでいくので、冷凍のまま鍋に入れられる。
残ったご飯はひとり分ずつ冷凍保存しておくといい。
100〜150gのご飯をラップに乗せ、名刺2枚サイズで包んで冷凍しておく。ラップを外してそのままポンと鍋に入れられるので便利だ。
なお、スープが減っている場合には、少し水を足すなど加減をするとおいしくいただける。

洋風なべにはフランスパンを

洋風の鍋やエスニックの鍋にはパンを合わせる。
皮の固いフランスパンは、煮込んでもくずれないのでおすすめ。
固くなってしまったフランスパンを軽くトーストし、鍋の最後に加えてクルトンみたいな食感を楽しむのもいい。
アヒージョやアクアパッツァのときには、パンに油やスープをたっぷり吸わせていただくのもオツ。

春雨、そうめんも意外と使える

春雨は乾燥のまま鍋に入れられるので便利。
しかもすぐ火が通り、スープをたっぷり吸い込んでおいしく食べられる。
そうめんには塩が練り込まれているため、そのまま煮込むと塩分も加わる。しゃぶしゃぶなど、あっさり味の小鍋の締めによい。

あっさりした鍋はインスタントラーメンで締める

インスタントラーメンはあっさりした鍋向き。
スープがからんでいたり、別添してあるので、仕上りは濃厚になる。
最後に豆乳を注いだり、卵でとじたりしてもよい。
生のラーメンは、表面にまぶった小麦粉が、煮込むととろみを出すのであらかじめスープに水分を足しておくといいが、ラーメンを下ゆでして加えればその調節も不要だ。

パスタならペンネを使う

パスタを締めに加えるなら、だんぜんペンネがおすすめ。
長く煮込んでもコシが強く、ひと口サイズなので食べやすい。
ゆで時間が長い（9〜13分）ものが多いため、あらかじめゆでて冷凍しておくと使いやすい。
ゆでたら油をからめて冷凍すると、解凍も早くスープとの味のなじみもよい。

鉄板はチーズと卵

締めにプラスするのに欠かせないのは「チーズ」と「卵」。
ご飯、パン、麺類、パスタの「締め食材」の何と合わせてもよいし、スープも、しょうゆ、味噌、トマト、海苔など、味わいを選ばない。
チーズは、ミックスチーズ・粉チーズや、2つのダブル使いもOK。
卵を加えるなら、水分が少し少なくなるまで煮込み、火を止めて余熱で火を通すのがトロトロ状態を堪能するコツ。

第5章

冷蔵庫がカラッポ！即席コンビニ鍋

小鍋シアター⑤「うかつな男」

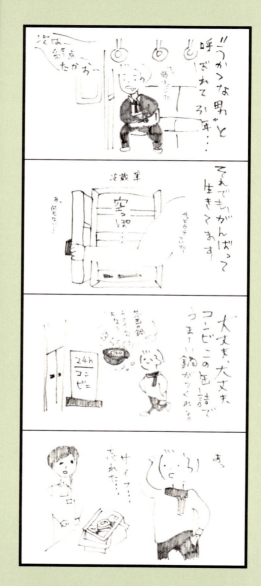

「冷蔵庫に何もない…」「帰宅が遅くて駅前スーパーが閉まってしまう…」といったときのために、コンビニで買える缶詰や冷凍食品、インスタントラーメンなどで、アッと言う間に作れる8つの小鍋レシピをご紹介します。缶詰や冷凍食品には旨みがギュッとつまっていますから、鍋に入れるととってもおいしいのです。ちょっと〝ジャンク〟な味が好きな方が多い男性には、とくにおすすめしたい小鍋レシピです。

冷凍から揚げのポン酢煮込み鍋

冷凍から揚げは旨みのかたまり

【具材】
鶏のから揚げ（冷凍）…3〜4個
カット野菜（キャベツ、もやし、にんじん、ピーマンなど）…1パック
（200g）
シメジ（石づきをとって小房に分ける）…1/2パック（50g）

【スープ】
しょうゆ…大さじ1・1/2
酢…大さじ1
みりん…大さじ2
水…1カップ

●つくり方
❶鍋に凍ったままのから揚げを入れる。
❷【スープ】を注いでふたをして中火にかける。
❸煮立ったら2〜3分煮て、カット野菜とシメジを加え、煮えたところからいただく。

【スープ】のかわりに市販のポン酢を使用する場合は、水1カップに大さじ3〜4杯が適量。

コンビーフのバターしょうゆ鍋

バターとこしょうを効かせて激うま鍋

【具材】
コンビーフ缶…1缶
キャベツ（2cm幅に切る）…1/6個（200g）
ホールコーン缶…大さじ2

【スープ】
しょうゆ…大さじ1
水…1カップ

【仕上げ】
バター…10g
あら挽き黒こしょう…たっぷり

● つくり方
❶ 鍋にキャベツとコーンを入れる。
❷ 缶から開けたコンビーフを軽くほぐしてのせ、【スープ】を注ぐ。
❸ ふたをして中火にかけ、火が通ったら、【仕上げ】を加えていただく。

香港風火鍋チゲしゃぶ

ホタテ缶の旨みの効いたピリ辛スープを楽しむ

【具材】

油揚げ（ぬるま湯でもみ洗いし、2cm幅に切る）…2枚

にんじん（皮をむいて、ピーラーで帯状に切る⇒108ページ）…1/2本（80g）

万能ねぎ（10cm長さに切る）…1/2把（50g）

【スープ】

ホタテ貝柱缶…小1缶（65g)
豆板醤…小さじ1
にんにく（すりおろし）…1かけ
サラダ油…大さじ1

塩…小さじ1/2
粉さんしょう…小さじ1/2
しょうゆ…小さじ1
水…2カップ

【仕上げ】

ラー油…適宜

● つくり方

❶ 鍋に【スープ】のホタテ缶を缶汁ごと入れ、残りの【スープ】の調味料を加える。

❷ 中火で煮立て、油揚げ、にんじん、万能ねぎを入れる。

❸ 煮えたところからいただく。お好みで【仕上げ】をかける。

油揚げのかわりに豚こま肉やハムなどを加えてもおいしい。

アクアパッザ風鍋

サバ缶とミニトマトで即席「欧風鍋(おうふうなべ)」

【具材】
水煮のサバ缶(大きければ軽くほぐす)…1缶(210g)
オリーブ油…大さじ2
にんにく(薄切り)…1かけ
パセリ(あらくちぎる)…適宜
ミニトマト(ヘタをとって、横半分に切る)…6個

【スープ】
塩…小さじ1/3
一味唐がらし…少々

●つくり方
❶ フライパンにオリーブ油とにんにくを入れて中火にかけ、香りがたったらパセリを加える。
❷ サバ缶を缶汁ごと入れ、ミニトマトを散らす。
❸【スープ】をふって、弱火でふたをして3分蒸し煮にする。

サバ缶の缶汁とトマト、オリーブ油で煮込まれたスープに、フランスパンをつけて食べるとおいしい。

プデチゲ

インスタントラーメンでキムチ鍋

【具材】
ウインナー(斜めに 3 か所切り込みを入れる)…3 本
白菜キムチ(大きければざく切り)…80 〜 100g
キャベツ(5cm 角に切る)…2 枚(100g)
インスタントラーメン…1 玉

【スープ】
焼き肉のたれ…大さじ 4
水…2 カップ

◉ つくり方
❶ 鍋に【スープ】を合わせて中火にかける。
❷ 煮立ったらキャベツ、キムチ、ウインナー、インスタントラーメンを入れる。
❸ ほぐしながら煮て、火が通ったらいただく。

「焼き肉のたれ」は多くの旨みや甘み、薬味、スパイスがつまった「第 2 の麺つゆ」。スープのベースとして威力を発揮する。

トムヤムクン風鍋

マッシュルーム缶でピリ辛タイ風気分

【具材】

蒸しちくわ（縦横4等分にする）…2本

マッシュルーム缶…小1缶　約5～6個（50g）

たまねぎ（6等分のくし切り⇒108ページ）…1/2個（100g）

ミニトマト（ヘタをとる）…2～3個

【スープ】

塩…小さじ1/2

オイスターソース…大さじ1

酢またはレモン汁…大さじ2

ごま油…小さじ1

赤唐がらし（小口切り）…1本

桜エビ（あらみじん切り）…大さじ2（6g）

しょうが（薄切り）…1かけ

水…2カップ

【仕上げ】

香菜（シャンツァイ）…適宜

● つくり方

❶ 鍋に【スープ】とたまねぎを合わせて中火にかける。

❷ 煮立ったら、ちくわ、マッシュルーム缶、ミニトマトを入れる。

❸ 再び煮立ったら、弱火で5分煮る。上下を返して【仕上げ】を散らす。

カムジャタン鍋

フライドポテトの意外な旨みがクセになる

【具材】
豚バラ薄切り肉（5cm 長さに切る）…100g
フライドポテト（冷凍）…100 〜 150g
万能ねぎ（5cm 長さに切る）…1/2 把（50g）

【スープ】
焼き肉のたれ…大さじ 4 〜 5（60 〜 75g）
豆板醤（とうばんじゃん）…小さじ 1
水…1・1/2 カップ

◉ つくり方
❶ 鍋に【スープ】を入れ中火にかける。
❷ 煮立ったら豚肉を入れ、凍ったままのフライドポテト、万能ねぎを入れる。
❸ 火が通って味がなじむまで煮る。

「焼肉のたれ」とフライドポテトの表面の油や調味料がスープのベース。
煮ることで、揚げるときには感じられない旨みや香りが出る。

ベーコンの肉豆腐

豆腐にからんだベーコンの肉汁が食欲をそそる

【具材】
ベーコン（半分に切る）…3枚（約45g）
豆腐（半分に切る）…1丁（300g）
ニラ（6cm長さに切る）…1/2把（50g）

【スープ】
めんつゆ（2倍希釈）…大さじ3〜4
ごま油…小さじ1
水…1カップ

【仕上げ】
こしょう…少々
からし…適宜

◉つくり方
① 鍋に【スープ】を入れて中火にかけ、豆腐、ベーコンの順に加える。
② 煮立ったら、弱火で汁をかけながら5〜6分煮る。
③ 豆腐を端によせ、空いた所にニラを入れ、火が通るまで煮る。こしょうをふり、お好みでからしを添える。

豆腐には、ソーセージ、ハムよりだんぜんベーコンが合う。燻製の香り、ほどよい脂肪分が旨みの素となる。

コラム❻
毎日が楽しくなる小鍋グッズ

黒と白の土鍋
土鍋は黒と白を、まずは揃えるのがおすすめ。豆乳鍋など白い煮汁には黒鍋、ふだんの鍋やエスニック風のものは白鍋が合い、小鍋生活が楽しくなる。

ホーロー鍋
土鍋にこだわらず、軽くて扱いやすいホーロー鍋も便利。保温性もよく、汚れも落ちやすい。カラフルだから食卓の色添えにもなる。

フライパンとスキレット
フライパン（左）を鍋に使うのも OK。とくに、鉄製のスキレット（右）は冷めにくいので、アヒージョやオイル鍋、すき焼きなどに重宝する。

とりわけ皿
写真右上の取っ手のあるとんすいが鍋には定番だが、ご飯茶碗（左上）、小さめのボウル鉢（左下）、小鉢（右下）を使っても OK。鍋の個性に合わせて楽しむ。

レンゲ
上 2 つのレンゲが定番だが、木製のスプーンも熱くならないので、スープもじっくりたん能できる。

薬味入れ
豆皿など小さな皿を薬味入れにすると食卓がにぎやかに。あまり深さのないおちょこなども使える。雑貨屋でユニークな小皿を探すと楽しい。

鍋敷き
鍋敷きがないからといって、古新聞紙などを使うと気分が出ない。その日の気分や鍋によって、木製、布製、コルク製など選べると楽しい。

おろしがね
おろす部分がアーチ状になって、その面が大きめのものがおすすめ。力を入れなくてもおろせるからだ。

アク取り
おたまや小さな網でアク取りをする人が多いが、シリコンのアク取りがおすすめ。ブラッシングするだけでアクを吸着してくれるから楽ちん。

ファスナーつきのビニール袋
鍋に入れる具材はひとり分ずつ切って入れておくと便利。野菜を入れるときのポイントは、少し空気を入れること。空気がクッションになって、冷蔵庫の中でほかの野菜の重みで野菜が潰れることを防げる。

ピーラー
シンプルなこの形状のものがいちばん持ちやすくて使いやすい。

保存用コンテナ
保存用コンテナをいくつか持っておくとよい。昆布は鍋生活の必需品なので、5cm角程度に切って保存しておくと便利。

コンロ
2人分まではこのサイズの小型コンロがおすすめ。五徳の大きさが小鍋にフィットするうえに、炎の出る向きが内側を向いているので熱効率がいい。

キッチンバサミ
手羽先や昆布などを切るときに重宝するのはもちろん、まな板や包丁を汚したくないときに野菜をカットするのにも便利。2つの刃を取り外せるタイプが、きれいに洗えるのでおすすめ。

お わ り に

「毎日小鍋」のメニューのラインナップ、いかがでしたでしょうか？
お好みの小鍋はありましたか？
　この本をきっかけに、簡単でヘルシーなうえに、身も心もホッコリ
温まる鍋料理の良さを見直していただければ幸いです。

　かつては、鍋と言えば「大鍋」のことでした。家族そろって鍋を囲
みながら「すき焼き」「寄せ鍋」をつつく…といったシーンが、幼い
頃の思い出になっている方も多いのではないでしょうか。
　ところが最近は、食のシーンも個食化が進みました。コンビニでは
ひとり用のカップスープや麺類、スーパーでも小分けの惣菜や一人前
ずつパックされた鍋用の野菜やスープが大人気。もう、家族そろって
大鍋をつつく時代は終わり、「鍋といえば小鍋」という時代になって
いるのかもしれません。

　実際、おひとりさま世帯の数は年々増えています。夫婦共働き世帯
も急増し、家族の帰宅時間もバラバラなので、ひとりで晩ご飯を食べ
るのが当たり前になってきました。そんな時代だからこそ、ひとりの
食卓を楽しく彩り、ホッコリ幸せな気持ちになれる「小鍋料理」が求
められているのだと思います。

実は大鍋と小鍋は、同じようでいて、料理としては大きく違っています。大鍋はたっぷりのだしに多くの具材を入れるので、いろいろな旨みが混じり合い、意外と味の特徴が出にくく、長く煮込むといわゆる「鍋の味」になることが多いものです。そのため、その鍋の味を決めるのは、味噌やキムチなどの調味料の味になりがちです。

　一方小鍋は、入れる具材や水分の量が限られ煮込む時間も短いため、具材そのものの旨みがダイレクトに鍋の味わいに影響します。それだけに、具材と調味料の掛け算により味わいに特徴が生まれ、味のバリエーションが豊富になるのです。

　小鍋はとってもシンプルな料理です。でも、シンプルであるがゆえに、具材の切り方や調味料の工夫によって味に変化が生まれ、工夫しがいのある「奥の深い」料理でもあります。本書を入口に、「食の楽しさ」に気づいていただけたら、それほど嬉しいことはありません。

2016年11月　　　　　　　　　　　　　　　　　　　　小田真規子

小田真規子 （おだ まきこ）

料理家・栄養士・フードディレクター。女子栄養大学短期大学部
卒業後、料理家のアシスタントを経て、有限会社スタジオナッツ
（www.studionuts.com）を設立。誰もが作りやすく、健康に配慮
した、簡単でおいしい家庭料理をテーマに、『オレンジページ』
『ESSE』などの生活雑誌や企業 PR 誌にオリジナルレシピを発表。
家電、食品、調味料メーカーのメニュー開発、国内各地の産物・加
工品の商品開発などもサポートしている。分かりやすいレシピが好
評で、NHK「きょうの料理」「あさイチ」の料理コーナーに定期出
演。著書は、『なんでも小鍋』（ダイヤモンド社）、『つくりおきお
かずで朝つめるだけ！弁当』（扶桑社）、『料理のきほん練習帳』
（高橋書店）、『一日がしあわせになる朝ごはん』（文響社）など多
数。中学校技術・家庭教科書（平成 28 年度）でも料理・監修を担
当した。

まいにち小鍋
―― 毎日おいしい10分レシピ

2016年11月17日　第 1 刷発行
2017年10月17日　第 7 刷発行

著　　者――小田真規子
発行所――ダイヤモンド社
　　　　　〒150-8409　東京都渋谷区神宮前 6-12-17
　　　　　http://www.diamond.co.jp/
　　　　　電話／03-5778-7234（編集）　03-5778-7240（販売）
ブックデザイン―奥定泰之
製作進行――ダイヤモンド・グラフィック社
印刷―――――加藤文明社
製本―――――ブックアート
編集担当――田中　泰

Ⓒ2016 小田真規子
ISBN 978-4-478-10058-5
落丁・乱丁本はお手数ですが小社営業局宛にお送りください。送料小社負担にてお
取替えいたします。但し、古書店で購入されたものについてはお取替えできません。
無断転載・複製を禁ず
Printed in Japan

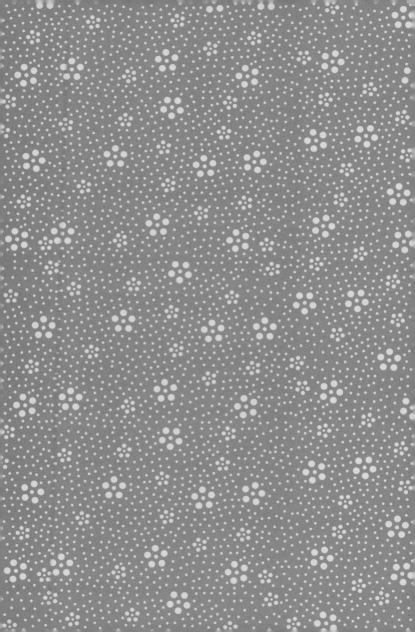